N° 5403

1458

AF233277

LETTRE A MIRÈS

BIBLIOTHÈQUE IMPÉRIALE
IMPR.

Ln 27/14287

LETTRE

A

MIRÈS

PAR

UN FINANCIER JURISCONSULTE

PRIX : 50 CENTIMES.

PARIS

CHEZ TOUS LES LIBRAIRES.

—

1861

LETTRE A MIRÈS

Monsieur,

Le procès qui occupe aujourd'hui l'opinion publique et qui la passionne en tant de sens divers est tellement complexe, et d'une nature tellement particulière, qu'on ne saurait jeter trop de jour sur les faits soumis en ce moment aux magistrats.

Certes, la magistrature française est justement célèbre dans toute l'Europe par sa science et son intégrité ; elle plane au-dessus de tous, dégagée de toutes passions humaines qu'elle dépouille et rejette loin d'elle, lorsque, revêtue de sa robe, elle devient l'arbitre suprême des destinées des justiciables ; mais enfin elle n'est pas infaillible, elle accueillera donc avec plaisir toutes les appréciations qui peuvent tendre à former sa conviction dans une affaire tout à fait exceptionnelle.

Vous l'avez dit, monsieur : « J'ai le regret de ne pas discuter ces affaires devant des gens spéciaux ; si j'étais en présence des banquiers les plus scrupuleux, mes explications ne seraient pas longues, ils comprendraient immédiatement les nécessités financières de notre époque. »

Eh bien, monsieur, c'est justement ce point que je vais discuter.

Je puis d'autant plus parler en toute liberté que je vous suis tout à fait inconnu, et que si ma conviction est en votre faveur, on ne pourra tout au plus m'accuser que de faire la cour au malheur.

Comment donc se fait-il que vous, monsieur, vous, la première organisation financière de notre époque, vous veniez terminer votre carrière sur les bancs de la prévention correctionnelle ?

Comment celui qui a donné l'impulsion à toutes les plus grandes opérations de finance, qui a réalisé les projets les plus gigantesques, le créateur des Ports de Marseille, l'organisateur de la Caisse des Chemins de fer, le véritable génie de l'industrie financière en France, peut-il être aujourd'hui sous le coup d'une accusation d'escroquerie et d'abus de confiance ?

Eh! monsieur, ne vous en étonnez pas ; il en est de la finance comme de toutes choses ici-bas. Lorsqu'au xvie siècle apparut Michel-Ange, le génie créateur par excellence, l'homme universel dont l'intelligence exceptionnelle devait nécessairement sortir de toutes les routes battues avant lui, il rencontra l'obstacle de toutes les médiocrités, et s'il fut dû à son génie de surmonter toutes les entraves, ce ne fut que par l'engouement qu'il avait inspiré à un pontife éminent, dont le génie était capable de se mettre au niveau de son grand artiste, et de ne pas se laisser égarer par la faction qui voulait opposer à l'artiste universel un autre génie éminent, sans doute, sublime même, mais plus spécial et incapable de ces conceptions vertigineuses qui ont fait de Michel-Ange un point lumineux dans l'histoire de l'art, mais isolé, et inabordable pour tous les talents qui n'ont pas la force de conception donnée par Dieu à cet homme privilégié.

Il en est ainsi de toutes les choses humaines. Vous avez organisé une chose sans précédents, vous avez assumé sur vous la responsabilité d'opérations multiples ; si vous avez failli dans les détails, peut-on, en conscience comme en droit, vous jeter à la face les reproches outrageants que l'on vous adresse ?

N'en déplaise à ces MM. les bureaucrates, je dis

ici l'expression de ma pensée tout entière : la bureaucratie est la plaie de la France, c'est elle qui vous a perdu.

Si les nombreux employés de votre maison eussent eu à cœur l'honneur de concourir à une organisation financière aussi exceptionnelle, et de la faire triompher, au lieu d'être aujourd'hui l'objet des criailleries de tout ce monde qui vous insulte, vous seriez l'idole du jour, la haute capacité financière de l'époque, l'honnête homme par excellence, et l'on célébrerait vos louanges sur tous les tons.

On vous reproche des exécutions en masse; mais s'imagine-t-on que dans une affaire aussi colossale vous pouvez vous préoccuper de l'intérêt de vos clients plus qu'ils ne s'en préoccupent eux-mêmes?

Les employés de votre maison ont eu un tort, celui de ne pas mettre en demeure autrement que par une circulaire les clients retardataires de solder leur compte, sous peine d'une exécution que rendait nécessaire une organisation financière aussi grandement montée.

Mais, d'un autre côté, le client qui est débiteur d'une somme de..., qui a déposé des titres d'une valeur supérieure au moment du dépôt, mais que la baisse a fait diminuer au point de n'être plus suffisants pour couvrir la somme dont il est crédité, doit bien savoir que s'il veut que son crédit lui soit conservé, il doit venir donner une nouvelle couverture, faute de quoi il n'aura qu'à s'en prendre à sa négligence du tort qui lui aura été causé.

Tous les jours, à la Bourse, il se fait des exécutions de ce genre, et personne ne se plaint de ceux qui les ont faites.

C'est, je le répète, que le banquier ou l'agent de change ne peuvent avoir plus de souci de l'intérêt de leurs clients que ceux-là n'en ont eux-mêmes.

Et, du reste, qu'a-t-on eu à se plaindre? tous ceux qui ont offert de solder leur compte ont été réintégrés dans leur position.

Vous avez fait droit aux plaintes de tous ceux dont vous avez connu les réclamations, et vous les avez même indemnisés des prétendus dommages qu'ils avaient éprouvés.

S'imagine-t-on donc qu'un homme qui a entre les mains des intérêts aussi multiples, des opérations aussi colossales, qui a la juste ambition de se créer une position morale financière sans précédents, ira passer son temps à spolier quelques clients dont les dépouilles ne pourraient le défrayer seulement de ses frais de bureaux?

Eh! messieurs de la médiocrité, mettez donc vos accusations en harmonie avec la grandeur du personnage et surtout avec la grandeur de ses œuvres.

Songez que vous parlez d'un homme qui de rien

est arrivé à une position des plus élevées par la seule force de son génie.

Pendant toute sa carrière, lui avez-vous entendu reprocher quelque chose ?

Et c'est quand cet homme est arrivé que vous voulez qu'il ternisse sa position et l'intégrité de toute sa vie ?

Dites que cet homme a été jalousé, qu'il a trouvé sa route semée de tous les embarras que lui ont suscités les envieux de sa haute capacité et de sa loyauté ; et que, mal secondé dans ses vastes entreprises, il n'a pu seul faire face partout où il l'aurait fallu.

Si le temps eût été plus long entre l'instruction et l'arrestation, les affaires eussent été arrangées sans l'intervention de la justice.

Maintenant si nous passons à l'appréciation de vos opérations de gérant qu'on incrimine, nous dirons que nous ne supposons pas que votre premier interrogatoire n'ait pas éclairé la question d'une manière suffisante pour les juges. Nous dirons, et tous les hommes au courant des questions financières diront comme nous, qu'il ne vous était pas possible d'agir avec plus de discernement, d'habileté et de loyauté, n'en déplaise à M. de Pontalba et à ses accusations.

M. de Pontalba a oublié le vieil adage : Noblesse

oblige, M. de Pontalba restera justiciable de l'opinion publique qui lui imprimera une flétrissure certainement plus terrible que celle de tous les tribunaux correctionnels. Il est vrai que pour quelques organisations, l'argent est un baume très adoucissant.

Ou vous êtes diffamateur, monsieur le baron, ou vous êtes complice.

Si votre dénonciation est sérieuse, s'il y a véritablement abus de confiance, pourquoi n'en avez-vous porté plainte que quand on vous a refusé les sommes que vous réclamiez sans droit? Si l'on vous payait, vous consentiez à vous taire, vous étiez membre du Conseil; donc, en vous taisant, vous étiez complice.

Et si votre dénonciation n'est pas sérieuse, si les débats en établissent la nullité, qu'il y ait condamnation ou non, l'opinion vous marquera du stigmate indélébile de la diffamation et le fera rejaillir sur les descendants de votre nom.

Que pensez-vous alors du terrible compte que l'on aura droit de vous demander pour les milliers d'individus dont vous aurez compromis la fortune par la suspension des affaires de la maison Mirès?

Monsieur le baron, vous penserez un jour combien les fruits de certaines vengeances sont amers.

Lorsque Samson s'écrasa dans le temple avec les

Philistins, tout mourait avec lui ; puis par sa mort il rendait un dernier service à sa patrie.

Êtes-vous le dernier de votre nom, monsieur le baron, et par votre dénonciation aurez-vous rendu un bien grand service à ceux dont vous aurez compromis ou ruiné les affaires?

Je ne vous en dirai pas davantage.

Oui, monsieur Mirès, je le répète avec vous, il est fâcheux que vous ne puissiez être jugé par un tribunal de banquiers.

Ils étaleraient devant le public les admirables institutions dont vous avez doté la France même en opérant à l'étranger.

Et alors l'opinion satisfaite ferait à vos détracteurs et à vos calomniateurs les reproches sanglants auxquels, du reste, ils n'échapperont pas.

Ce tribunal démontrerait qu'il n'y avait pas abus de confiance de votre part à vous servir des titres de la société dont vous étiez le gérant, lorsque vous vous serviez de ces titres dans l'intérêt de cette société.

Et du reste il y avait d'autant moins abus qu'il y avait garantie de votre part.

Vous n'aviez pas fait croire à des entreprises chimériques, l'Emprunt ottoman, les Chemins de fer, les Ports de Marseille, tout était là.

Eh bien, monsieur, j'en ai la conviction, la ma-

gistrature s'entourera de toutes les lumières possi-
bles, elle s'identifiera avec les habitudes de la finance, elle finira par comprendre *les nécessités financières de l'époque*, et la discussion, éclairée par
l'habileté de vos conseils, par la forme lucide avec
laquelle ils aborderont la question, mettra au grand
jour et les hautes conceptions de votre riche organisation financière, et la loyauté et le désintéresse-
ment avec lesquels vous les avez dirigées. Le tribunal, appelé à connaître de la prévention qui
vous a conduit à la barre, heureux de pouvoir
vous renvoyer de la plainte, voudra réparer le tort
fait, par les attaques dont vous êtes l'objet, à toutes
les sociétes financières et industrielles, et ne voudra
pas paralyser le bon vouloir des gérants des socié-
tés en commandite, qui, ayant toujours suspendue
sur leur tête l'épée de la responsabilité, finiraient,
faute d'initiative, par laisser péricliter les intérêts
confiés à leur administration; et en peu d'années
la France, aujourd'hui si florissante, se traînerait à
la remorque de l'Europe qui l'inonderait de ses
produits en échange de son or que rien ne viendrait
contre-balancer.

La magistrature française est trop éclairée pour
ne pas comprendre tous les intérêts engagés dans
les vastes entreprises dont vous avez la direction;
elle voudra conserver sa juste suprématie sur les

autres magistratures de l'Europe, et par un arrêt juste, sévère et à la hauteur des circonstances, elle imposera silence à ces vautours de l'industrialisme qui ne cherchent qu'à se repaître de toutes les ruines dont ils ont souvent été les instigateurs.

Agréez, monsieur Mirès, l'expression de mes sentiments distingués.

C. C.

1er juillet 1851.

Paris. — Imp. de H. Carion, rue Bonaparte, 64.

www.ingramcontent.com/pod-product-compliance
Lightning Source LLC
LaVergne TN
LVHW021735030726
842523LV00004B/1429